AF250600

SUR CERTAINS BRUITS

DE

COALITION

Paris. — Imp. de BRY aîné, boulevart Montparnasse, 81.

SUR CERTAINS BRUITS

DE

COALITION

PAR

PIERRE DUPONT

—

Prix : 1 Franc

—

PARIS

IMPRIMERIE DE J. BRY AINÉ

81, Boulevard Montparnasse.

—

1860

SUR CERTAINS BRUITS

COALITION

L'Europe s'agite, les souverains se concertent, la révolution marche ; les principes sont en présence ; leur dualisme est manifeste et fait craindre de nouveaux conflits.

La question religieuse, compliquée de politique, tient tous les esprits en éveil ou en suspens.

Il y a des sceptiques et des hommes d'une foi ardente ; les premiers subissent les événements, les seconds les précipitent ou les secondent de leurs aspirations.

Il ne serait pas difficile de rencontrer dans l'une ou l'autre voie des hommes doués d'une égale énergie, comme aussi des hommes dénués de sens moral.

Cela compose une double armée invisible, qui, si elle en venait aux mains avec les forces dont chacun dispose, pourrait amener une conflagration générale.

Dieu, écartez ce péril !

Di talem terris avertite pestem.

(Virgile.)

Quel remède à cette situation ?

La France, qui est aujourd'hui l'arbitre du monde, et qui tient d'une main le fléau de la balance, de l'autre le glaive qui exécute ; la France, qui est le soldat de Dieu, selon la noble expression de Shakspeare, en raison même de la situation exceptionnelle que lui ont faite ses traditions et sa sagesse récente, la France inspire des inquiétudes à l'étranger, et semble être en ce moment le point de mire où se tournent tous les regards, toutes les espérances.

Le regard tranquille dont elle embrasse les événements, avant de jeter le glaive de Brennus dans la balance, inspire à l'Europe des craintes qui expliquent le rapprochement des souverains divisés.

Qu'un héros fasse faire en Italie de doubles étapes à la liberté ! ce n'est pas sur lui que s'arrêtent les regards anxieux des adversaires de son principe.

Les vieilles traditions de la diplomatie se réveillent, et il semble que nous soyons le but où tendrait une nouvelle coalition.

La vieille Europe n'a donc pas appris à se connaître, et ne sent donc pas ses véritables intérêts ?

Est-elle donc si grande sur la carte qu'elle doive songer à se diviser, et qu'elle vise à la tête et au cœur, qu'elle s'insurge contre la France?

Serait-ce donc un grand crime d'être tête et cœur à la fois! d'être favorisés par un beau climat, d'être une nation libre, puissamment organisée, et où le dernier des citoyens peut dire en relevant la tête, et en montrant le Code : Nous sommes tous égaux devant la loi?

Le pouvoir et l'autorité n'ont-ils pas assez de moyens de retenir dans leur limite naturelle le pouvoir et l'indépendance de chacun?

N'a-t-on pas donné à l'Europe assez de garanties d'ordre, et assez de protection efficace à l'Eglise?

Nous jalouserait-on par hasard !

Ah ! qu'on réfléchisse avant de nous atta-

quer; que l'on sonde, s'il se peut, les profon-
deurs de notre magnanimité!

Nous pouvons et devons le dire, sans orgueil,
parce que, un véritable Français ne doit toute
sa force et sa vertu qu'à la juste estime qu'il a
de ses voisins.

On nous attaque, on nous parodie, on nous
accuse; on nous jette un mot à la face :
Chauvinisme !

On voudrait voir tomber de nos mains
l'arme qui protége nos droits, sans attenter à
celui des autres.

Pourquoi ?

Pour obéir à une tradition surannée !

Pour suivre l'ancien errement des barbares,
pour rester fidèle au vieux système d'expiation
et d'invasion des barbares !

Cette pensée fausse est la base du testament

du fameux tzar, fondateur et organisateur de la puissance russe, de Pierre-le-Grand.

Chacun de nous devrait l'avoir constamment sous les yeux, et en méditer chaque article.

Si Machiavel n'eût pas écrit son livre du *Prince* à l'usage de tous ceux qui font l'étude de la perversité humaine, le testament de Pierre-le-Grand en résumerait les principes sous une forme sentencieuse qui en fait une sorte de symbole russe, où la barbarie se cache sous le poli de la civilisation.

Nous arrivons à notre idée.

Nous savons que l'ambition des peuples pousse chacun à envahir l'autre ; c'est l'ancienne idée païenne ; ce n'est pas la nôtre, et c'est à notre christianisme sincère que nous devons très-humblement de tenir dans le monde le rôle que la France occupe aujourd'hui.

Que les Russes aient rêvé de répéter dans l'histoire le rôle des Attila, des Tamerlan et des Gengiskan, c'est de leur part un oubli des convenances, c'est une opinion rétrograde.

En cela, ils ne se connaissent pas eux-mêmes; ils mentent à leur mission; car tout peuple, surtout quand il naît, a un rôle qui lui est assigné par la Providence.

Ne rappelons pas les dernières guerres :

Pourquoi avons-nous été en Crimée?

Pourquoi Nicolas Ier, peu soucieux de l'amitié de Louis-Philippe, nous a-t-il prêté de l'argent au moment de la famine de 47?

Pourquoi l'alliance russe?

—

Béranger a dit :

Peuples, formons une sainte alliance
Et donnons-nous la main.

Nous sommes les amis des Russes, en tant que promoteurs de civilisation, colons de l'Asie, sur les rives du fleuve Amour, et jusqu'à la muraille de porcelaine.

Ce que nous disons des Russes peut s'appliquer dans d'autres données, que nous pourrions développer à tel ou tel de nos voisins.

Le testament de Pierre-le-Grand étant donné, quelle influence doit-il avoir sur les destinées de l'Europe?

Nous reconnaissons, avec tout le respect que l'on doit à la mère, à la source, avec l'admiration que nous inspire la vu e du Rhône et du Rhin, frères jumeaux sortant du Saint-Gothard, ce que l'on doit au fondateur d'une grande nation.

Son principe était si vivace qu'il n'a cessé de fructifier, de s'étendre, âge par âge, siècle à siècle : la Russie a grandi et triomphé même de ses revers. L'hypothèse cosaque ou républicaine, formulée par le génie intuitif de Napoléon Ier, n'est pour nous aujourd'hui qu'un pressentiment, un avertissement secret de la Providence. Non, la mèche a été éventée : ni cosaque, ni républicaine, quant au présent, CIVILISÉE, CIVILISATRICE.

Au lieu de servir d'écluse aux Asiatiques pour les lâcher à un moment donné sur notre monde, la Russie doit être notre AVANT-GARDE contre les barbares :

A moins que le débordement de nos vices n'attire sur nous les colères du ciel ; mais, en ce cas, s'il reste un juste en Israël, il priera : que dis-je !

N'est-elle pas juste, méritante, cette nation

de laboureurs , d'artistes , de poëtes , de savants, de maçons, de charpentiers , de manœuvres de tous états , où, depuis le portier jusqu'au ministre, on trouve des honnêtes gens et des dévouements à toute épreuve.

Soyons heureux une fois, en ce court espace que le temps dispute à l'éternité , de nous recueillir sur un petit point du globe, en France, dans l'oubli de nos inimitiés. — Nous avons à empêcher qu'il ne soit fait de nous ce qu'il est advenu des peuples en décadence.

Quelques symptômes de décrépitude ont pu alarmer les moralistes, les penseurs. Mais, comme de l'obstacle naît la victoire, et du choc la lumière, ce contraste a été utile aux natures viriles.

Ç'a été l'épreuve du feu.

Aujourd'hui, les haines sont apaisées; un grand mot a été prononcé :

Amnistie.

Quelques-uns demandent la liberté.

Est-ce la liberté octroyée?

Est-ce la charte?

La liberté viendra d'elle-même quand nous en serons dignes, et ceux qui la mendient sont souvent les premiers à en abuser.

Soyons unis dans une pensée de salut et d'avenir; car, il ne faut pas nous y tromper, si la France n'était pas compacte comme un seul homme, elle n'aurait plus à attendre son salut du dehors.

Louis XVIII ne prendrait plus le pas sur les souverains étrangers, comme le plus ancien et le doyen des dynasties;

Nous serions partagés.

Et je ne sache pas qu'un seul des honnêtes

hommes des vieux partis, que je respecte dans leur essence, voulût subir cette humiliation.

Cette libre expression d'une pensée sincère et d'un cœur ardemment humain n'affecte pas aucune couleur politique.

L'auteur, tout français, n'est pas si chauvin, qu'il n'aime en Christ tout ce qui pense et aime sur la terre.

Un Anglais, un Russe, un Autrichien, ont pour lui raison d'être, à moins qu'ils ne sortent de leur limite et ne veuillent imposer à autrui un joug.

Que la liberté des mers, que les relations internationales, que la colonisation, que l'application des lois justes et humaines se fassent sentir du cœur aux extrémités : voilà ce que rêvent, pensent et veulent des Français.

Par s. — Imp. de BRY aîné, boulevart Montparnasse, 81.